Ignaz Brüll

Sinfonie für grosses Orchester, Op. 31

Ignaz Brüll

Sinfonie für grosses Orchester, Op. 31

ISBN/EAN: 9783337714901

Hergestellt in Europa, USA, Kanada, Australien, Japan

Cover: Foto ©Thomas Meinert / pixelio.de

Weitere Bücher finden Sie auf **www.hansebooks.com**

Im Walde,
JAGD-OUVERTURE
für Orchester

composirt

von

IGNAZ BRÜLL.

Op. 25.

Partitur   Pr. 3 M. netto.
Orchesterstimmen   Pr. 9 M.
Doublirstimmen werden billigst berechnet.
Clavier Auszug zu vier Händen Pr. 3 M.
(Arrangement vom Componisten)

Eigenthum des Verlegers

BERLIN und DRESDEN
ADOLPH FÜRSTNER
(C. F. Meser.)
Königl. Sächs. Hof-Musikalien Handlung.

Den Verträgen gemäß deponirt.   Ent. Stat. Hall.
Sole Agent for the U. S. G. Schirmer New York.

IM WALDE.

Jagd-Ouverture.

SECONDO.

Ignaz Brüll. Op. 25.

Allegro moderato.

Stich und Druck der Röder'schen Officin in Leipzig.

Eigenthum von Adolph Fürster Berlin und Dresden.

IM WALDE.

Jagd-Ouverture.

PRIMO.

Allegro moderato.

Ignaz Brüll, Op. 25.

Eigenthum von Adolph Fürstner Berlin und Dresden.

SECONDO.

PRIMO.

SECONDO.

PRIMO.

SECONDO.

PRIMO.

SECONDO.

Poco meno mosso.

PRIMO.

SECONDO.

PRIMO.

Tempo I.

SECONDO.

PRIMO.

SECONDO.

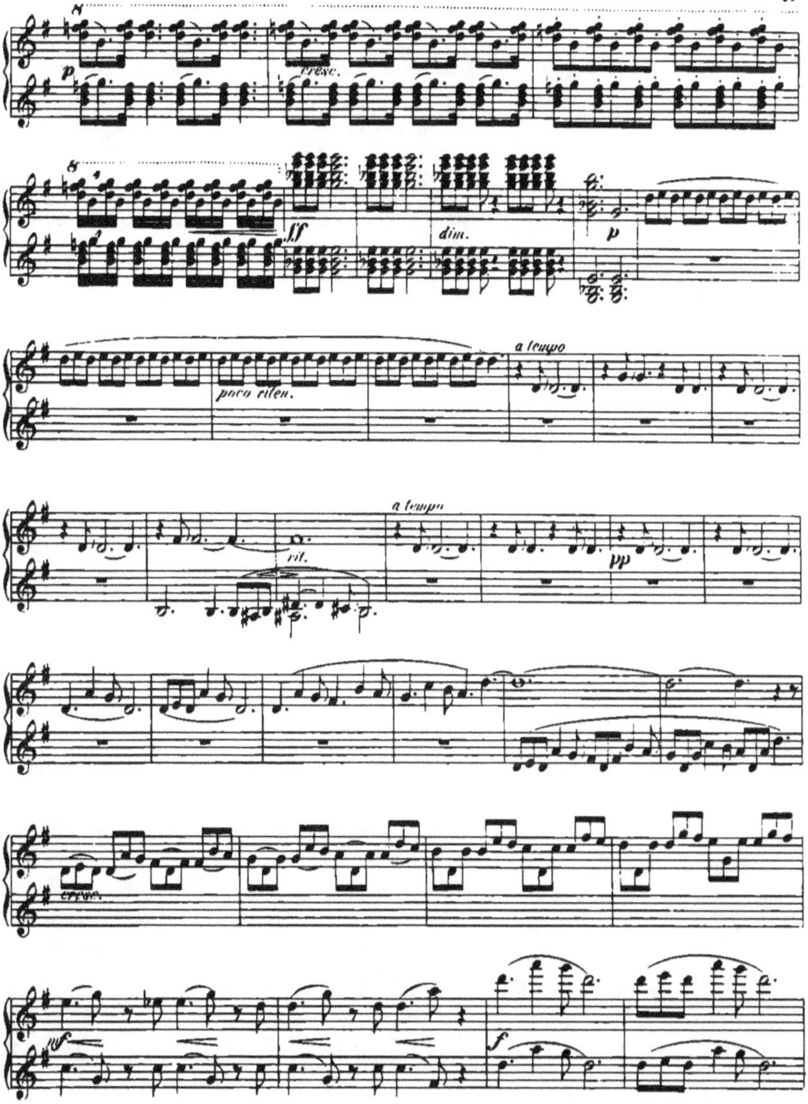
p
cresc.
ff
dim.
p
poco riten.
a tempo
rit.
a tempo
pp
cresc.
mf
f

SECONDO.

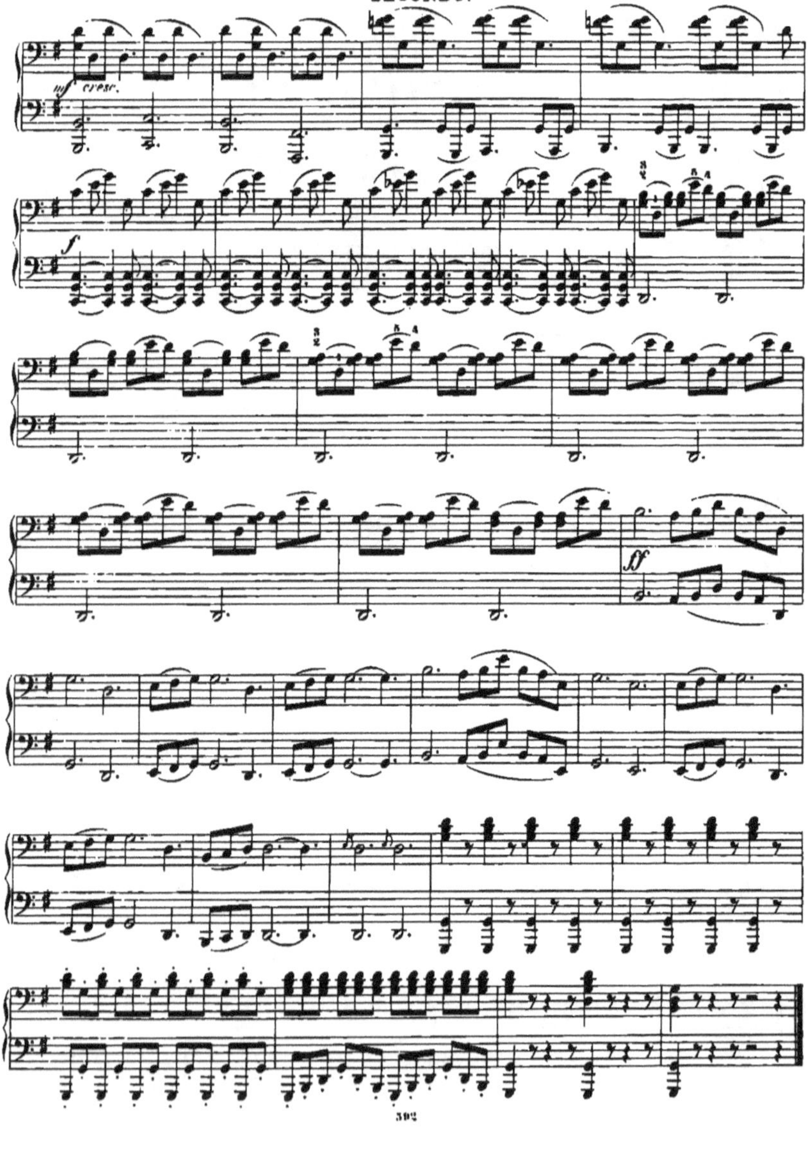

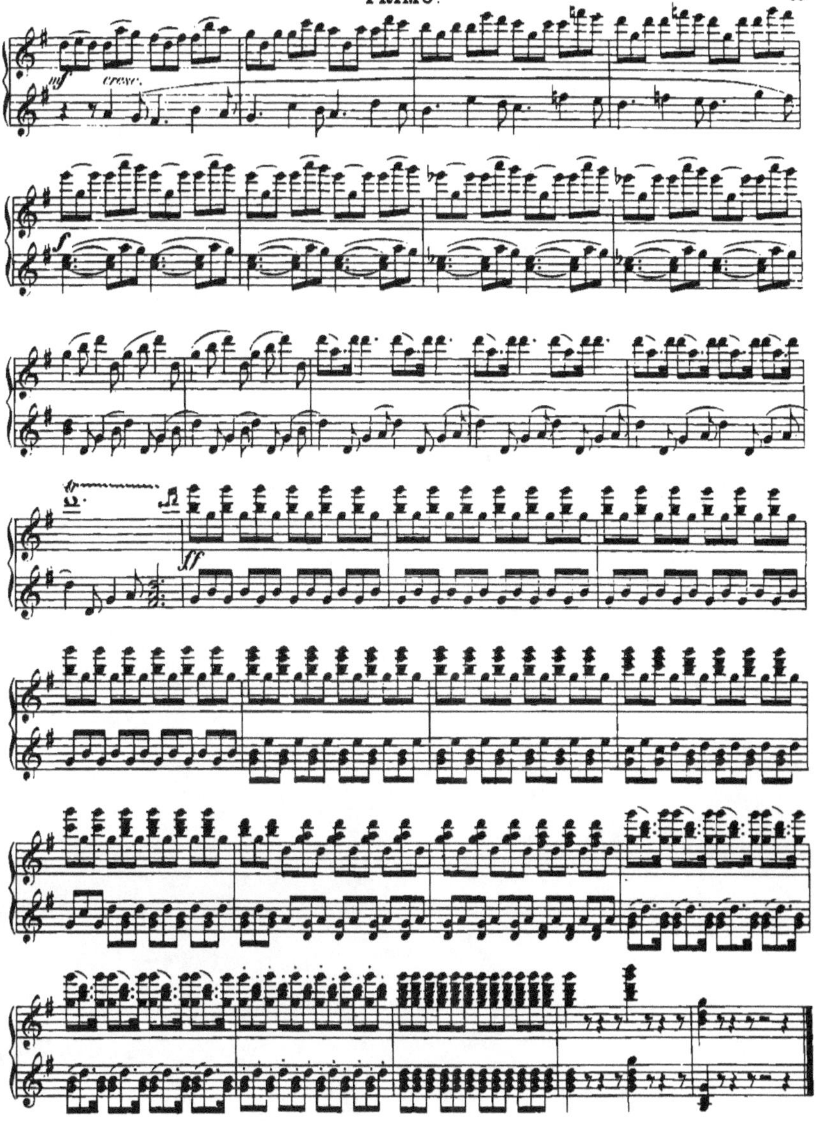
mf
cresc.
ff

HERRN DR FELIX SEMON

freundschaftlich zugeeignet

SINFONIE

(E-moll)

für grosses Orchester

von

IGNAZ BRÜLL.

Op. 31.

Partitur Pr. M. 10,00 netto.   Orchesterstimmen Pr. M. 18,00.

Vierhändiges Arrangement Pr. M. 7,50.

BERLIN,
Ed. Bote & G. Bock
37 Leipzigerstr. 37.

LONDON,
Chappell & Co.
50 New Bond Street.

SINFONIE.

SECONDO.

Ignaz Brüll, Op. 31.

Molto moderato.

Poco più mosso. (Moderato.)

Stich und Druck der Röder'schen Officin in Leipzig.
11024

Ed. Bote & G. Bock, Berlin.

SINFONIE.

PRIMO.

Ignaz Brüll. Op. 31.

Molto moderato. M.M. ♩ = 72.

Poco più mosso. (Moderato.)

Eigenthum der Verleger.

11924

Ed. Bote & G. Bock, Berlin.

SECONDO.

11924

PRIMO.

SECONDO.

11924

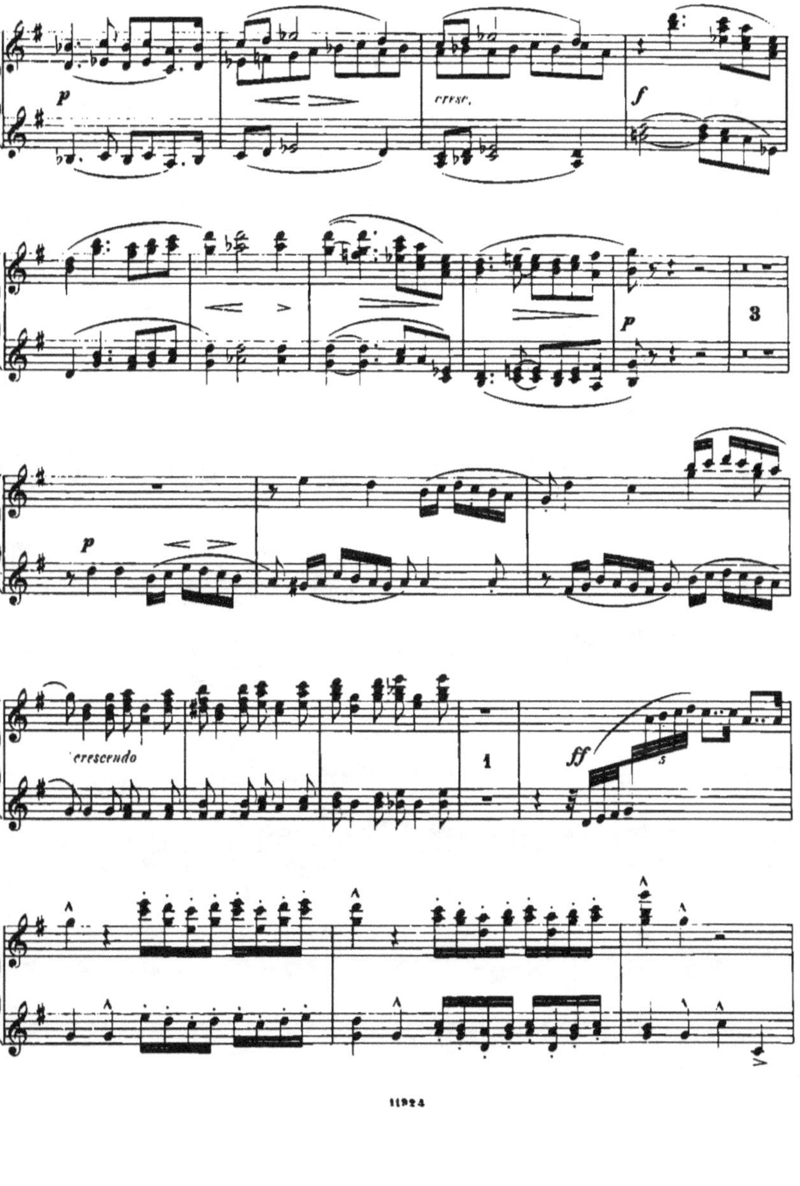
p
cresc.
f
p
3
p
crescendo
1
ff

11924

PRIMO.

SECONDO.

PRIMO.

11

11924

SECONDO.

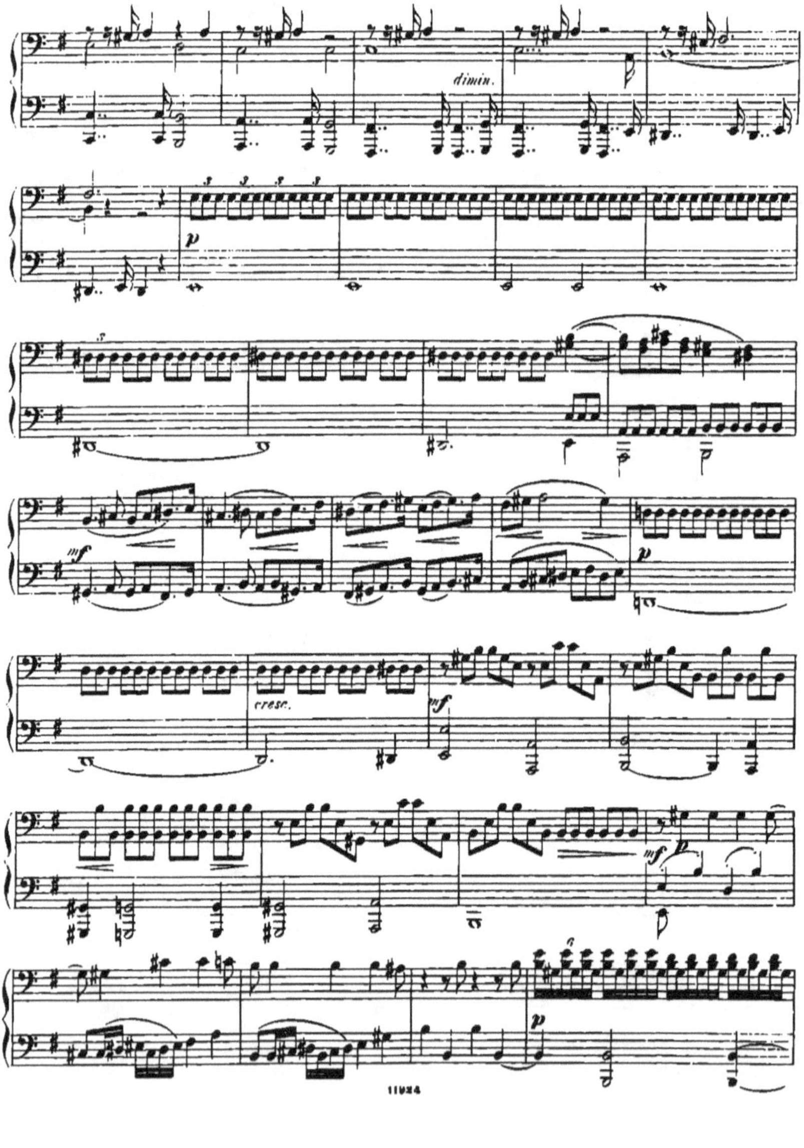

PRIMO.

SECONDO.

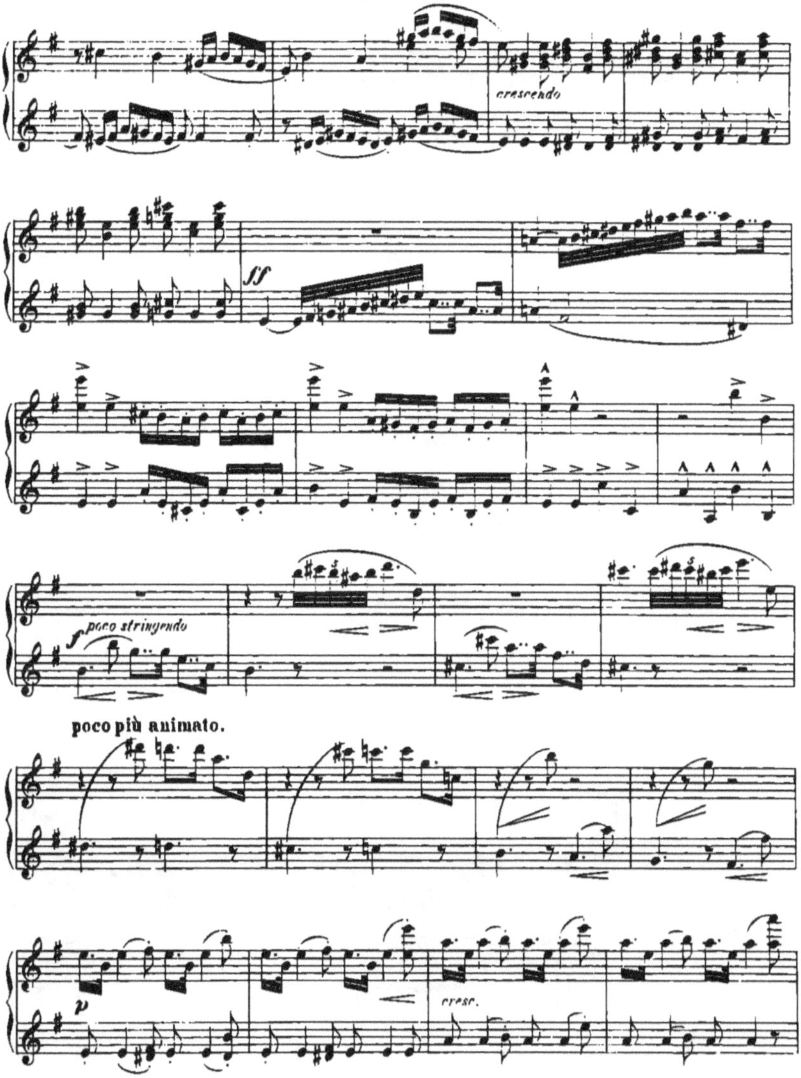
crescendo
ff
poco stringendo
poco più animato.
p
cresc.

SECONDO.

sempre cresc.

ff

pesante

sempre ff

PRIMO.

SECONDO.

Allegretto molto moderato.

PRIMO.

Allegretto molto moderato. M.M. ♩ = 88.

SECONDO.

11924

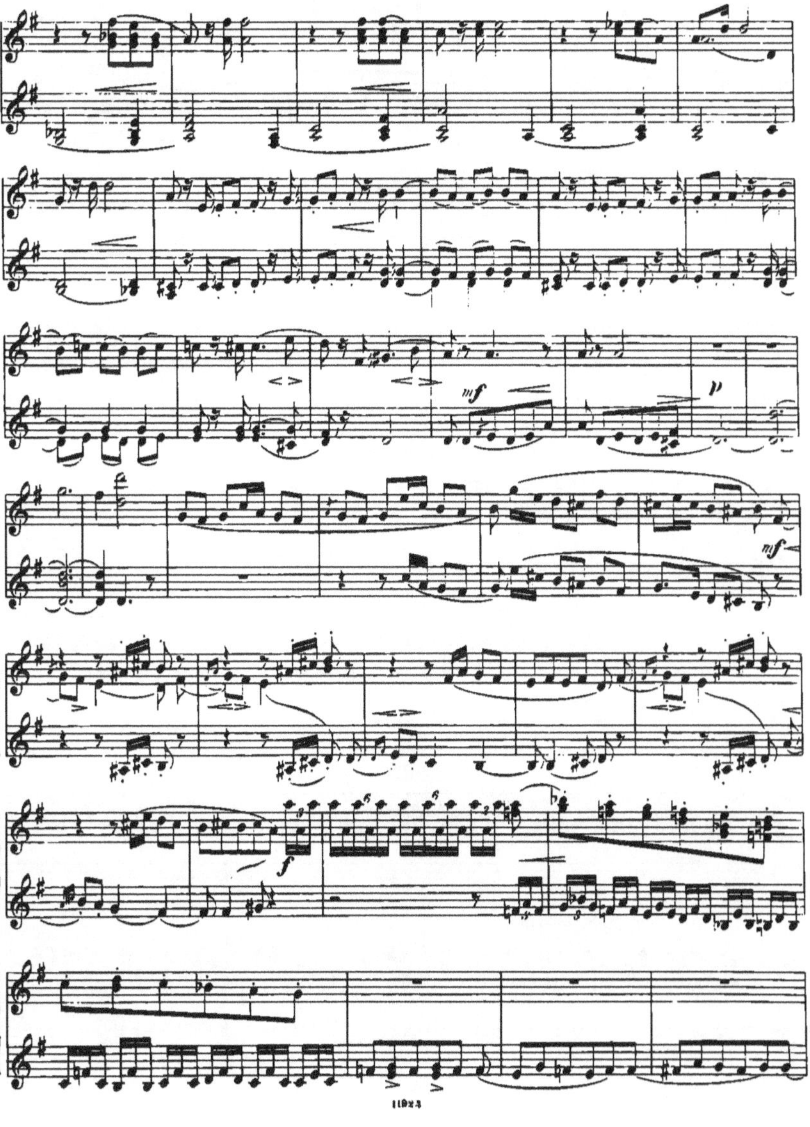

SECONDO.

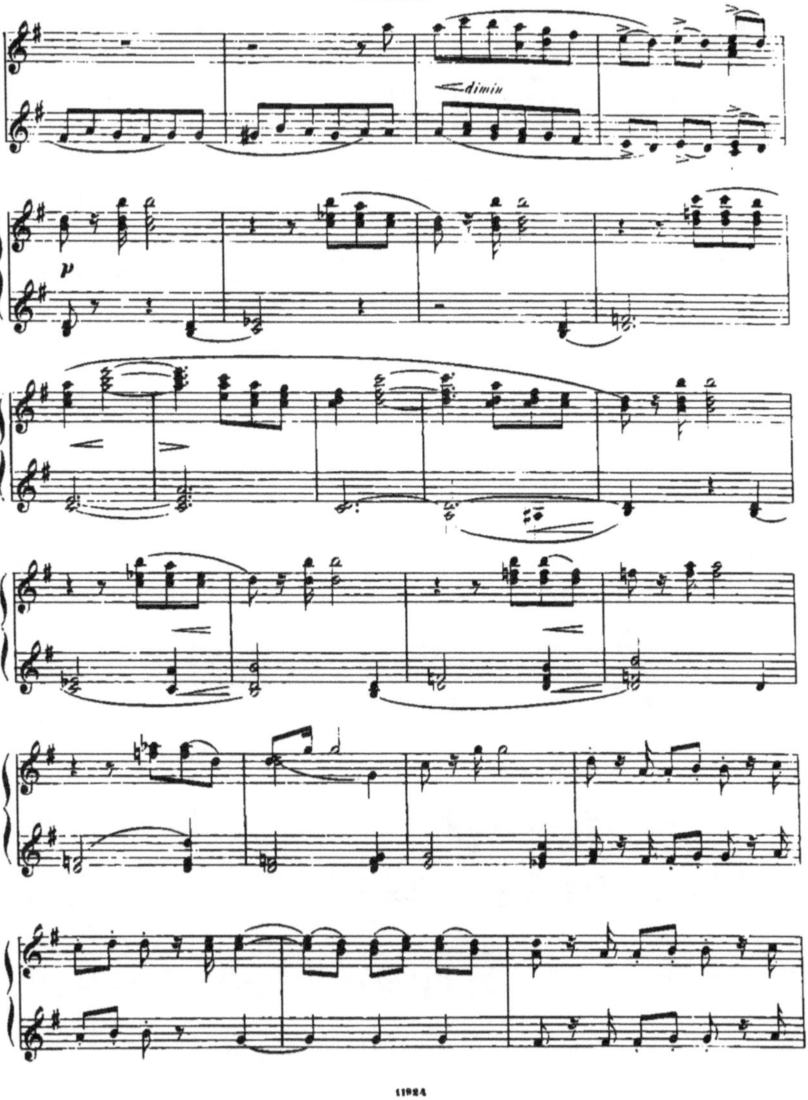
dimin
p

SECONDO.

Scherzo.
Allegro assai. M.M. ♩= 160.

11924

Scherzo.
Allegro assai. M.M. ♩= 160.

SECONDO.

11374

PRIMO.

28

SECONDO.

Meno mosso. Moderato. (das Viertel so schnell wie vorher die halbe Note) M.M. ♩ = 144.

Tempo I.

11924

dim.
p
1
mf
p
Meno mosso. Moderato. (das Viertel so schnell wie vorher die halbe Note) M. M. ♩ = 144.
cresc.
mf
p
mf
cresc.
Tempo I.
f
f
p

SECONDO.

11924

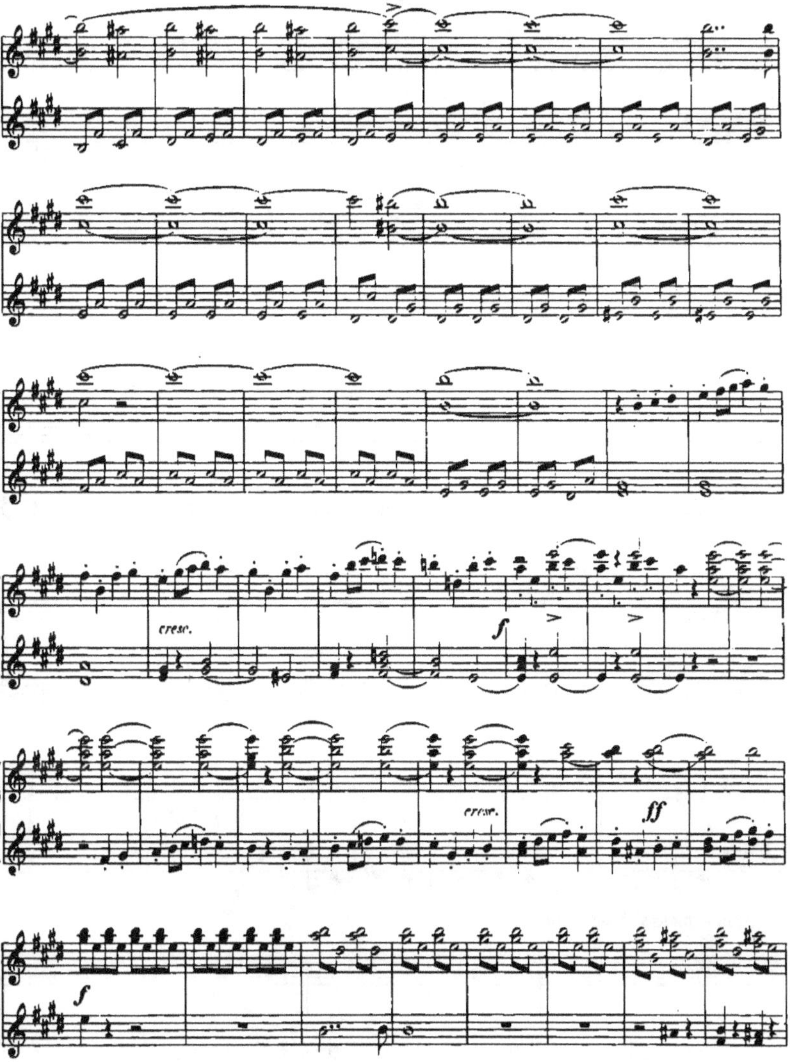
cresc.
f
cresc.
ff
f

SECONDO.

Meno mosso Moderato.

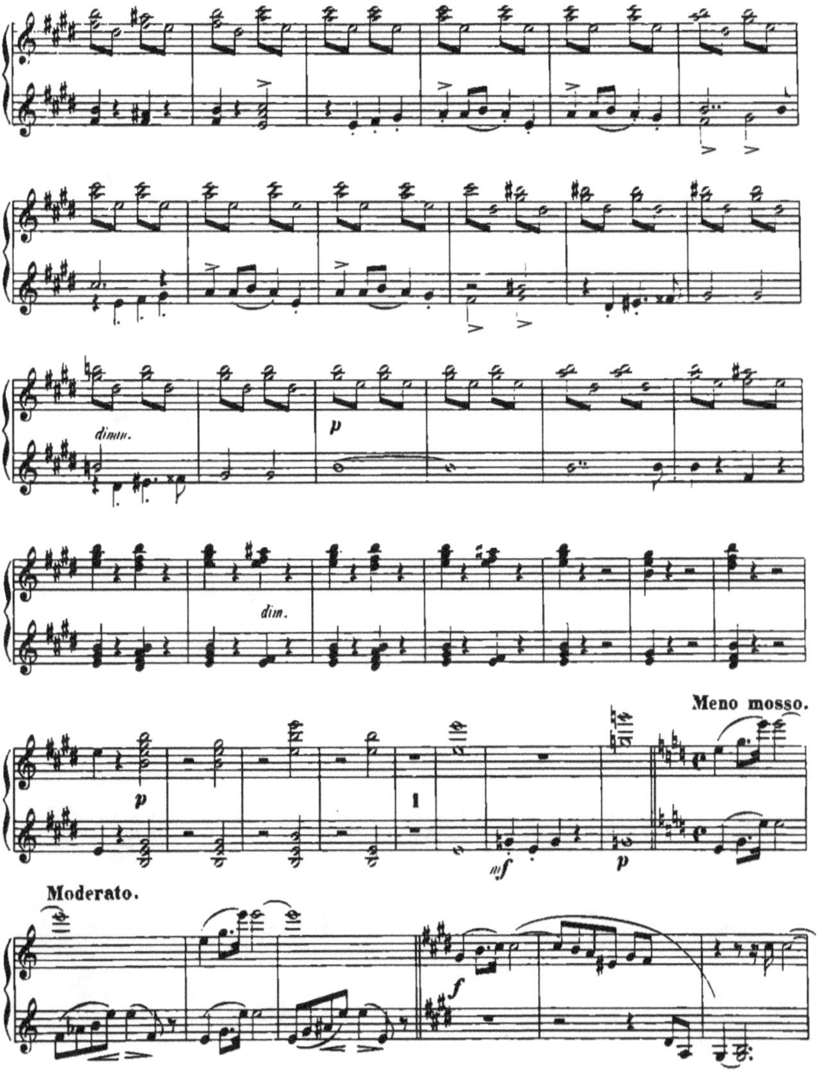
dimin.
p
dim.
p
1
mf
p
Meno mosso.
Moderato.
f

SECONDO.

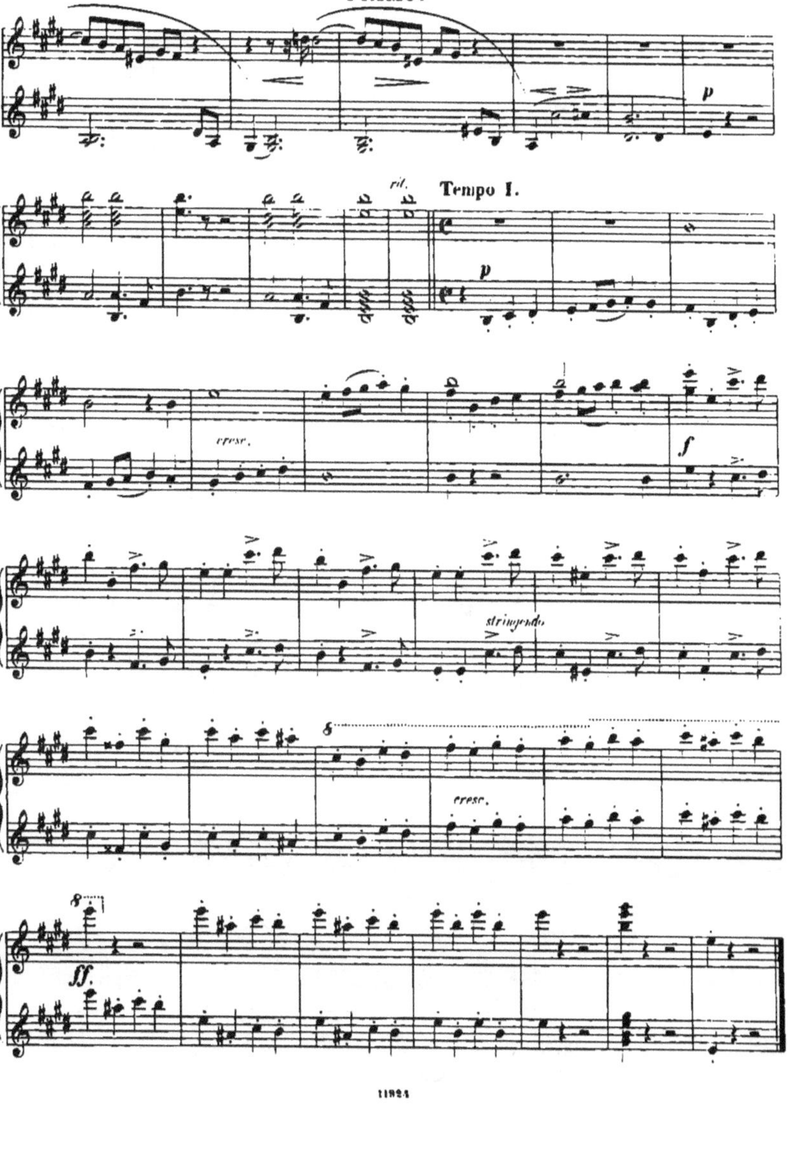
p
rit.
Tempo I.
p
cresc.
f
stringendo
cresc.
ff.

SECONDO.

Molto moderato. M.M. ♩=108.

Molto moderato. M. M. 𝅗𝅥 = 108.
p
espress.
dim.
p
poco animato. 𝅗𝅥 = 126.
p legato
p
1

SECONDO.

Tempo I.

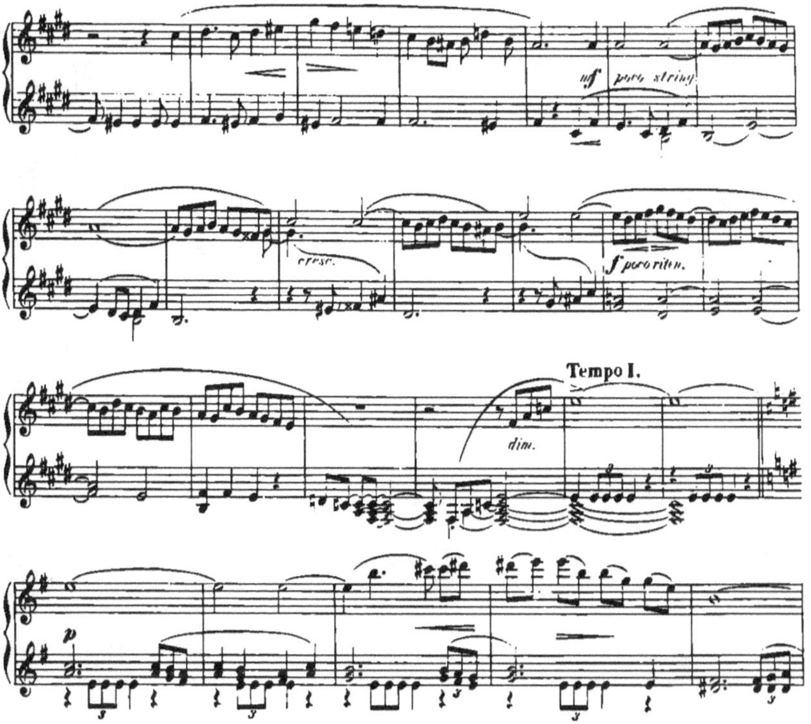
mf poco string.
cresc.
f poco riten.
dim.
Tempo I.
p

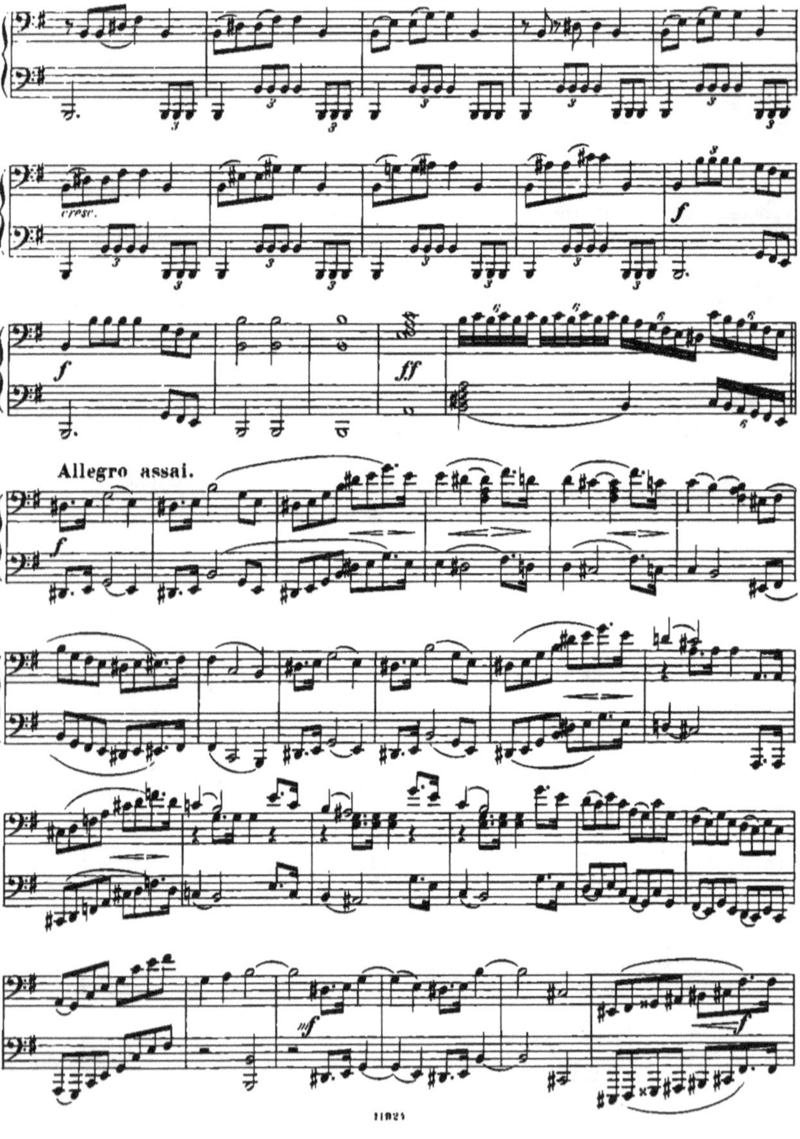
cresc.
Allegro assai.

PRIMO.

Allegro assai. ♩=192.

11921

SECONDO.

PRIMO.

43

11921

SECONDO.

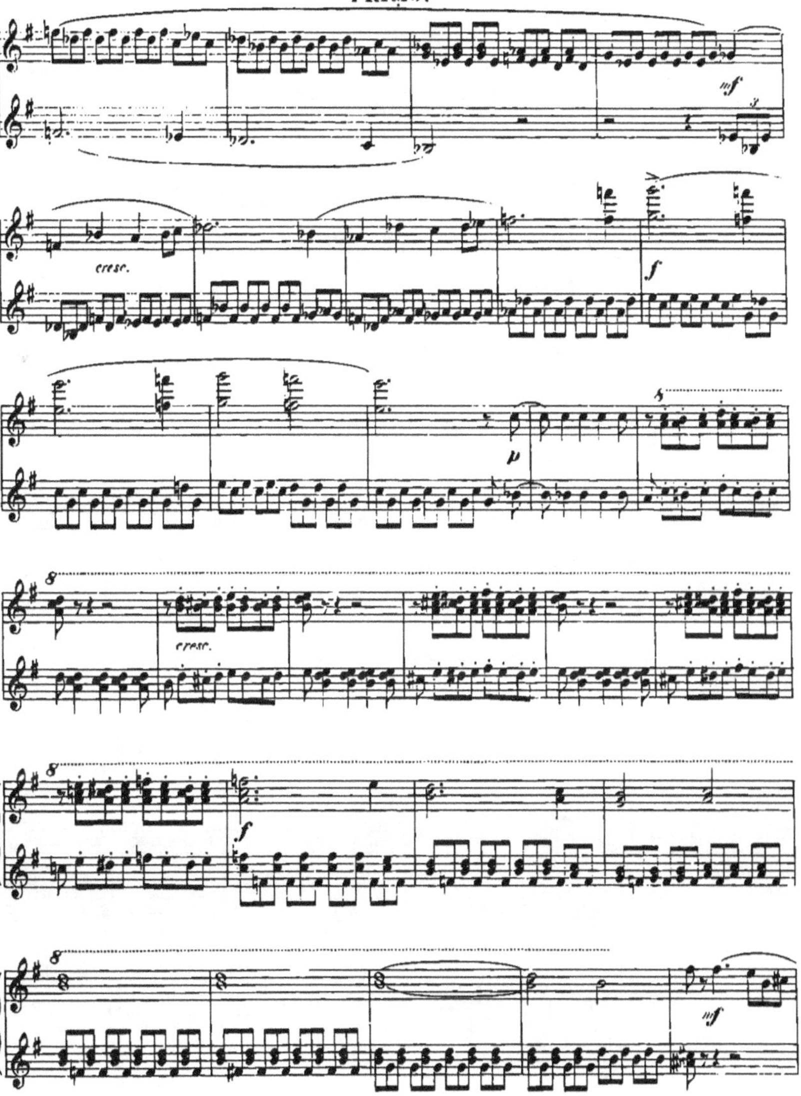
cresc.
cresc.

SECONDO.

11924

SECONDO

11924

SECONDO.

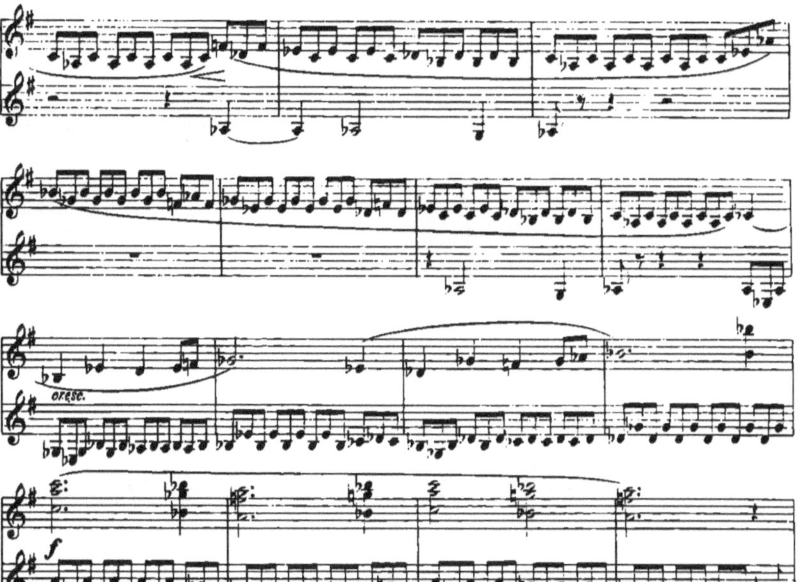
cresc.
cresc.

SECONDO.

PRIMO.

SECONDO.

PRIMO.

11924

www.ingramcontent.com/pod-product-compliance
Lightning Source LLC
Chambersburg PA
CBHW021528270326
41930CB00008B/1149